AF563554

MEMOIRE

AU SUJET DES BENEFICES POSSEDEZ Par les Religieux Bénédictins de la Congregation de saint Maur.

Composé par M. l'Abbé de S. Pierre en 1704.

IL y a en France plus de quatre mille Prieurez de l'Ordre de S. Benoist, qui valent près de deux millions de rente ; la Congregation de S. Maur en a déja, sous le nom des Religieux particuliers, pour plus de six cens cinquante mille livres, outre tous ceux qu'elle a dans ses Manses conventuelles ; elle enlevera bien-tôt le reste au moyen des nouvelles dispenses, qu'elle obtient tous les jours de la Cour de Rome, au préjudice des intérêts & de la Discipline de l'Eglise Gallicane ; ainsi cette Congregation va incessamment ôter une subsistance nécessaire aux Ecclesiastiques, qui servent l'Eglise par leurs talens, & un soulagement considérable aux familles du Roïaume, qui se soutiennent par les Ecclesiastiques, dont elles se trouvent déchargées.

Le mal gagne tous les jours, & il est tems d'y mettre ordre. Il sera bien plus mal aisé, de retirer des mains de la Congregation ce qu'elle en a déja, que d'empêcher, qu'elle n'en enleve davantage.

Son institution n'est, ni de prêcher, ni d'enseigner : ces Religieux veulent vivre pour Eux-mêmes dans la retraite, éloignez du commerce des autres hommes, uniquement occupez des observances religieuses ; leur but, c'est de faire en sorte, que leur vie prêche, & de persuader par leur exemple, la patience, la douceur, la charité envers tout le monde, l'estime de la pauvreté, & le mépris pour les richesses : Rien n'est plus édifiant, que cet objet ; mais pourquoi donc le gros de la Congregation s'écarte-t-il de ce but ? Et n'est-il pas raisonnable de montrer, que cet empressement, à amasser Prieurez sur Prieurez, Richesses sur Richesses, fait tort à leur reputation, & cause un grand préjudice à l'Eglise de France, & à l'Etat ?

Personne ne trouve à dire, qu'un Pere de famille s'occupe du soin d'augmenter son revenu, pour élever un grand nombre d'Enfans, & les rendre capables de servir leur Patrie.

Mais voir des hommes, qui se separent volontairement de leur famille par un esprit de pieté, prêter cependant leur nom, pour dépoüiller un nombre infini d'autres familles, d'une subsistance, qui leur seroit si nécessaire, c'est dont on a raison d'être surpris.

Il y a plusieurs Religieux de la Congregation de S. Maur, qui ont quitté des biens considérables dans le Monde, pour vivre saintement dans la pauvreté; plusieurs d'entr'eux ont aussi quitté des Bénéfices, pour vivre en Communauté, libres de tous soucis des richesses : Par quel étrange motif ces mêmes hommes redeviennent-ils si avides de Bénéfices, & si vifs sur leurs intérêts temporels?

Voici le dénoüement de cette espece de contradiction, que l'on trouve si marquée dans la conduite de ces Religieux.

Il est certain, que dans cette Congregation, il y a deux sortes d'esprits; les uns embrasseroient encore la même vie, s'ils avoient à en choisir une; ceux-cy édifient par leur détachement, & ne se mêlent de rien que des exercices du Cloître; ils n'aiment pas à se distraire par les emplois, & servent à maintenir par leur ferveur la Discipline Religieuse, & à soutenir la reputation de sainteté de la Congregation; mais par malheur ils ne font pas le plus grand nombre, & ne sont pas les plus autorisez.

Les autres font leurs exercices à peu près comme ces bons Religieux, mais non pas avec le même goût, & ne choisiroient pas ce genre de vie, s'ils avoient encore à choisir; ceux-cy, (soit dit en passant,) ne sont ni les moins habiles, ni les moins éclairez, ni le moindre nombre.

Quand la chaleur de l'imagination est passée avec la jeunesse, l'ardeur qu'ils avoient pour la Perfection Religieuse diminüe leur ferveur, s'évanoüit insensiblement; l'uniformité de vie dans les mêmes exercices, leur devient peu à peu insipide; ils ne sentent plus que ce qu'il y a de pénible dans le Cloître, & ils tombent bien-tôt dans cette maladie, qu'on apelle ennui, langueur, dégoût : nez actifs, ils n'ont point l'avantage d'un temperament paresseux, ils ont beau se reprocher à eux-mêmes la difference qu'il y a de la situation d'esprit, où ils étoient dans les premieres années de leur Profession, & de celle où ils se trouvent, ils ont beau se ranimer par intervalle, & apeller à leur secours leurs premiers motifs, la nature reprend toujours le dessus, & ils retombent dans un ennui d'autant plus triste, qu'ils ne voient pas de route pour en sortir : Les Supérieurs, qui connoissent cette maladie, pour en avoir été attaquez, ont soin de ne pas laisser ces esprits vifs & agissans dans l'oisiveté, ils les font entrer dans les emplois de Procureur, de Prieur, de Professeur, afin, d'un côté de les distraire de leurs ennuis par des occupations nouvelles, & toujours réjoüissantes, & de l'autre, d'emploïer utilement leur activité au service de la Congregation; L'on voit, que plusieurs de ces Religieux, indépendamment de la destination de leurs Supérieurs, se destinent eux-mêmes à ces emplois, & en tâchant de se distinguer dans ceux où ils sont, par leurs travaux, & par leurs manieres honnêtes, ils cherchent à parvenir aux emplois les plus élevez, & à s'acquerir ainsi de la considération & de la reputation, & parmi eux, & dans le Monde;

Il est inconcevable, combien ce motif tout humain qu'il est, mais coloré néantmoins d'un peu de charité pour ses Freres, & de zele pour la sainte Congregation, est bien reçû dans des esprits, qui ne pouvant plus être distraits par les plaisirs, & par les amusemens ordinaires du Monde; n'ont plus que cela pour nourriture; aussi on les voit plus occupez, à amasser pour leurs Maisons, que les gens du Monde les plus avares, pour les leurs, à acquerir des amis, de la protection, de la faveur pour la Congregation quand ils le peuvent, sans craindre le ridicule, que les plus Ambitieux n'en ont pour illustrer leur nom; Ils sont alors bien éloignez de l'ennui; l'occupation leur donne une nouvelle vigueur d'esprit.

Dans les emplois, ils ont plus de commerce avec les Séculiers, & ce commerce fait couler insensiblement dans les esprits le goût pour le crédit, pour la destination, pour l'augmentation du revenu, principaux ressorts des mouvemens des gens du Monde : Comme ils ne peuvent plus joüir aisement de ces choses sous leur propre nom, ils cherchent sans scrupule, à en joüir sous le nom de la Congregation, & ils en joüissent; Car enfin, de sa puissance, de son crédit, de ses richesses, il en revient aux Particuliers une portion de considération, tant au dedans qu'au déhors, & cela à proportion que chacun sert utilement la Congregation; ils se prenent de zele, & travaillent avec ardeur; Et l'amour de la Patrie, ce motif qui étoit si puissant dans les esprits des Citoyens de Sparte, d'Athenes, de Rome, est le même motif naturel, qui excite ces Religieux en faveur d'une Congregation, qu'ils regardent comme une nouvelle Patrie, & qui plus est, comme une nouvelle Famille.

Il est visible, que ceux qui ont part aux affaires de la Congregation, sont de cette seconde espece, & qu'ils tâchent, d'élever & d'agrandir leur famille d'adoption par ces mêmes voies, que les mondains élevent & agrandissent les leurs.

Les autres Societez, qui s'élevent, leur donnent, comme aux gens du Monde, de la jalousie; Et il n'est gueres étonnant, que dans ces vûës, ils suivent les mêmes maximes; aussi on les voit marchander & amasser autant de Bénéfices qu'ils peuvent, persuadez que les Richesses donnent aux Compagnies & aux Communautez un grand éclat; ainsi on peut dire, qu'il y a dans la Congregation de S. Maur, Congregation Religieuse, & Congregation mondaine; aussi la difference des maximes fait naître souvent sur ces Prieurez même des disputes entr'eux : Les vrais Religieux crient, qu'une pareille conduite est entierement oposée à la pauvreté qu'ils viennent professer dans le Cloître, que la Congregation ne devroit songer à briller que par des vertus religieuses, & non point par cet éclat emprunté, que donnent les richesses, & par les talens & l'habileté dans les affaires dont se parent les gens du Monde; qu'on ne sçauroit acquerir les richesses qu'avec les mêmes défauts qu'on reproche aux Mondains, que la reforme ne durera pas avec de pareilles maximes, & que c'est un relâchement visible de la Discipline Religieuse; mais ces bons Moines parlent à des gens d'esprit, qui n'ont pas de peine à colorer leur conduite de motifs de Christianisme & de raisons aparentes, d'autant plus séduisantes, qu'elles flatent sécrétement l'amour propre de ceux qui font ces solides remontrances : Les Supérieurs raportent tout à l'honneur & à l'avantage d'une Congregation, qui est si utile à l'Eglise; d'ailleurs l'autorité, que donnent les emplois, fait aisément taire les scrupules de ceux, qui sont dans l'exacte observation de l'obéissance.

Ainsi l'avarice & la vanité, (il est facheux de le dire,) ont trouvé le moïen de dominer dans les Lieux-même, où l'on se retire comme dans un azile contre leur empire.

Il est évident, que de s'emparer de plus de trois millions de rentes, c'est un objet flateur pour Ceux de cette Congregation, qui visent à l'enrichir;

& l'on demeurera aisement d'acord, par ce que l'on verra cy-après, que pour y parvenir, il étoit difficile de prendre de meilleures mésures, que celles qu'ils ont prises dès le commencement.

On exposa à Rome des raisons spécieuses, pour obtenir les Bulles nécessaires : on dit, que cette Congregation étoit la plus austére, la mieux disciplinée, la plus désinteressée de celles, qui entreprenoient la reforme; que plus on mettroit de Bénéfices entre ses mains, plus on seroit sûr du bon usage qui s'en feroit; qu'originairement ces biens étoient aux Moines, & qu'il étoit naturel de chercher toutes les voies pour leur rendre ce qui avoit apartenu à leurs Prédécesseurs; qu'en cela, ils étoient bien plus favorables que des Séculiers, qui ne pouvoient posseder ces Prieurez qu'en commande, & avec dispense; qu'en fait de dispense, il étoit bien plus raisonnable, de donner dispense à un Reformé, de posseder un Bénéfice, lui qui n'avoit d'autre interêt que d'en faire un usage pieux, que de donner une dispense à un Séculier, de posseder un Bénéfice regulier; qu'enfin cette Congregation naissante étoit dans l'indigence, & avoit besoin de secours, pour s'établir dans les Monastéres non reformez; que le revenu de ces Prieurez étoit un secours absolument nécessaire pour l'établir : Enfin on se détermina à Rome, non pas sans beaucoup de peines, à accorder aux Religieux de la Congregation de S. Maur, la dispense de posseder en leur particulier ces Prieurez.

On dit cependant, que la premiere Bulle, sur laquelle les autres sont fondées, est expliquée par ces Religieux plus à leur avantage qu'elle ne devroit l'être, & que cette dispense ne regardoit pas tous les Prieurez en général, mais seulement les Bénéfices, qu'on nomme claustraux, & qui sont en titre. C'est la Bulle de Gregoire XV, pour l'établissement de la Congregation du dix Septembre 1621. & que la Bulle de Confirmation de l'établissement ou érection de la Congregation donnée par Urbain VIII. le 21 Janvier 1627. étend à la verité la dispense aux autres Bénéfices, mais il y avoit plusieurs restrictions, il ne s'agissoit que de quelques Prieurez de l'Ordre de Cluny. *Aliquos Prioratus Cluniacenses*, ou des Bénéfices que possedoient en titre des Religieux non reformez, *Victa dictorum non reformatorum durante dumtaxat*. Il n'y est point fait mention des Prieurez, que possedoient les Séculiers; enfin ce n'étoit que pour un tems, *ad tempus*; c'étoit pour donner la facilité à une Congregation naissante & tres pauvre, de s'établir dans plusieurs Monastéres, *attenta penuria Congregationis nascentis*; mais tout le Monde sçait, que cette Congregation n'est plus depuis longtems, ni naissante ni pauvre, à moins qu'on ne veüille apeller du nom de pauvres ceux, qui ont une soif ardente pour les richesses, & dont les besoins augmentent à mesure qu'ils deviennent plus riches; telles sont, dit-on, les restrictions sages de ces Bulles; mais la Congregation habile, avec les secours des Prieurez déja acquis, se concilie tous les jours de nouveaux amis dans la Datterie, pour avoir plus de facilité d'acquerir le reste des Prieurez par de nouvelles graces de Rome : ces Religieux ont, à ce qu'ils disent, le pouvoir de posseder toutes sortes de Bénéfices, ci-devant possedez par les Ecclésiastiques Séculiers, même en donnant, à ceux qui resignent, une pension aussi forte que la totalité du revenu du Bénéfice, *usque ad totalitatem fructuum*; aussi depuis quelques années, on ne voit que Moines de cette Congregation marchander avec les Bénéficiers leurs Prieurez, examiner l'âge & la constitution des Titulaires, offrir

plus

plus à ceux qui sont plus âgez ou menacez d'apoplexie, leur donner sans peine une pension, un quart & un tiers plus forte; que le revenu annüel du Bénéfice, argent bien venant, rendu au domicile du Bénéficier, offrir moins aux autres, mais leur offrir toujours plus qu'ils ne retirent de leurs Bénéfices ou Prieurez;

Il est visible qu'il n'y a presque point de Bénéficiers, qui ne soient tentez de faire de pareils marchez, & l'on va voir en peu de tems tous ces beaux Prieurez entre les mains des Moines; car en habiles Gens, ils se servent des revenus des Prieurez acquis, pour supléer à l'excédent de ces pensions; ils sément utilement l'argent, pour recueïllir plus abondamment l'argent.

Ils avanceroient davantage, s'ils ne rencontroient quelques obstacles dans la Congregation même; c'est que la Bulle dispensant les Titulaires de resider à la Communauté, ils ont besoin de choisir pour Titulaires des sujets, desquels ils soient sûrs; il faut qu'ils connoissent en eux, ou un grand zele pour la Congregation, si ce sont gens d'esprit, ou un caractere ferme; il faut que ce zele les retienne en Communauté, chose qui est assez dangéreuse, ou que ce soient de ces Sujets imbéciles, que les habiles apellent les *simples*, qui ont peur de tout, qui ne sçavent de quoi il est question, & à qui on ne demande que de signer une Procuration, ou pour resigner, ou pour regir le Bénéfice, sans sçavoir même ce qu'ils signent.

Cependant la Congregation supleé en quelque sorte à cet obstacle, parce qu'elle aime mieux païer davantage à la Datterie, & obtenir de nouvelles dispenses, afin qu'un même *simple* puisse prêter son nom, pour posseder dix ou douze Prieurez en même tems; Et c'est alors une tête fort chere à la Congregation; ainsi ils ont habilement trouvé le secret, d'emploïer les *simples* à établir la reputation de la sainteté de la Congregation, & à lui acquerir des richesses immenses.

Il est vrai, que les habiles ont quelque fois été trompez, & sur ces prétendus zelez, & sur ces prétendus simples; on en a vû quelques-uns quitter, & aller vivre dans leur particulier sur leurs Bénéfices, en disant avec raison, que non seulement ils peuvent resider à leur Prieuré, mais qu'ils sont obligez en conscience à cette résidence.

Tel fut un de leurs Peres, sous le nom duquel ils joüissoient du Prieuré de Soulême, près de Sablé en Anjou, qui vaut sept à huit mille livres de rente. La violence qu'ils exercerent sur lui, fit grand bruit, il y a vingt-quatre ans, & causa un grand scandale. Il reste encore des témoins de cette histoire, & des actes autêntiques qui en font foi, & pour sûr, je l'ai oüi conter cette année 1704. à plusieurs Personnes, & entr'autres à un homme de bien, qui eut une principalle part à cette affaire, & comme elle est parfaitement du sujet, j'ai crû à propos de la raporter toute entiere.

Le Prieur de Soulême, Religieux de la Congregation de S. Maur, demeuroit à l'Abbaïe de la Couture du Mans; son Pere, sa Mere, ses Freres, ses Sœurs, étoient fort pauvres; il demanda à son Supérieur, que sur les revenus de son Prieuré, on en reservat une petite somme pour les soulager dans leur misére, il fut refusé; il ne se rebuta pas, il pria le Général, de l'ordonner ainsi, mais on n'écouta point sa priere, ont crut, que sa demande tiroit trop à conséquence, on lui dit, que ses revenus étoient à la Congrégation, & qu'on ne pouvoit pas les emploïer ailleurs qu'aux besoins de la Congrégation;

La pitie, qu'il avoit du miserable état de ses Parens, lui fit naitre une juste indignation contre ce procedé; Et après avoir examiné les droits, que lui donnoient ses Bulles & les Canons, il alla s'établir à son Prieuré; cette démarche surprit & facha fort le Conseil de la Congregation; on lui offrit en suite de faire ce qu'il avoit demandé; on le pria de revenir au Convent, mais comme il vit bien, que s'il y retournoit, il couroit risque d'être enfermé en prison pour toute sa vie, comme il en avoit vû des exemples, il s'en excusa; Et de peur de soulever tout d'un coup toute la Congregation contre lui, il donna des esperances, qu'il retourneroit à la Communauté, dès qu'il auroit satisfait aux devoirs de pieté envers ses parens; cependant il demeura ainsi quelques années dans son Prieuré, où il vivoit d'une maniere tres édifiante, aidant aux Curez dans l'administration des Sacremens, instruisant les ignorans, assistant ses pauvres Parens, visitant les malades, & faisant quantité d'aumônes.

Le Conseil de la Congregation vit bien, qu'il n'y avoit plus rien à esperer, ni qu'il resignat, ni qu'il raportat au Convent les revenus du Prieuré; ainsi il fut resolu, qu'on le puniroit, & qu'on en feroit un exemple: effectivement, au commencement de l'année 1680, le Prieur de Soulême, qui étoit sorti seul à pied de son Prieuré, pour aller visiter quelques pauvres malades du voisinage, disparut tout d'un coup; les Religieux de S. Maur l'enleverent dans une Littiere bien fermée; & le menerent à trente lieuës de là à l'Abbaye de Marmoutier à un quart de lieuë de Tours; Et pour ne laisser aucune trace de cet enlevement, & le pouvoir nier impunement, ils ne marchoient que la nuit; & passoient le jour au milieu des bois.

Ses Domestiques cependant, & ses Parens furent fort étonnez, de l'avoir perdu; grande rumeur dans le Païs, mais nulle nouvelle, nul temoin; enfin un Batelier qui tenoit à ferme un Bacq sur le Loir, à cinq ou six lieuës de là, conta dans son Village, qu'une telle nuit, huit hommes habillez en Religieux, dont les uns armez de fuzils, & les autres de halebardes, étoient passez dans son Bacq avec une Litiere fermée, dans laquelle il y avoit un homme, qui crioit fort haut, mais qui ne pouvoit articuler;

Cette avanture parut fort étrange; Et comme le bruit s'en répandit jusqu'à Soulême, & qu'elle se raportoit au jour que le Prieur de Soulême avoit disparu, on ne douta point, qu'il n'eut été enlevé par ordre des Supérieurs de la Congregation: Mr le Marquis de Sablé, qui étoit alors dans ce Païs là, en entendit parler; il connoissoit ce Prieur, qui étoit fort aimé dans le Canton, ses Parens vinrent le suplier de leur aider à obtenir justice, chacun par pitié l'en pressa, & il se resolut à écrire ce qu'il sçavoit du fait, à feu Mr de la Vrilliere Sécrétaire d'Etat de la Province, il écrivit en même tems à un Commis de Mr de la Vrilliere, qui se trouva un peu Parent du Prieur, pour prendre soin de cette affaire; Mr de la Vrilliere en écrivit, par ordre du Roi, à l'Intendant du Païs; c'étoit alors Mr de Tubeuf, qui demeuroit à Tours, il fit faire diverses perquisitions, & fit réponse à Mr de la Vrilliere, que vraisemblablement le Prieur avoit été enlevé par ordre des Supérieurs de la Congregation, & qu'il ne seroit pas aisé d'en avoir raison.

Bientôt après sur de nouveaux ordres de la Cour, il envoïa sommer le Prieur de la Couture du Mans de le representer, autrement qu'on le meneroit lui & le Sous-Prieur en prison; le Prieur repondit, qu'il n'en avoit aucune connoissance, qu'il étoit vrai que par ordre des Superieurs, on enfermoit quelques fois des Religieux désobéïssans, & dont la conduite est scandaleuse, mais que ni la Cour ni la Justice ordinaire ne se mêloient point du gouvernement interieur de leur Congregation.

Comme on eut alors quelque soupçon, que le Prieur de Soulême avoit été mené à l'Abbaye de Marmoutiers, Mr Tubeuf fit la même demande au Prieur de Marmoutier, qui nia effrontement, mais en termes fort humbles, d'en avoir aucune connoissance; ces Religieux croïoient, qu'on en demeureroit là; mais peu de tems après, le Lieutenant Général de Tours, par Commission expresse du Roi, alla saisir tous les revenus de la Manse Conventuelle de Marmoutier, & de la Coûture du Mans, on les ménaça même de pousser la chose encore plus loin.

Ce coup étourdit les plus sensez du Conseil de la Congrégation, ils firent mouvoir toutes sortes de machines, pour se tirer de ce mauvais pas, & pour n'être point obligez de représenter ce Religieux; mais Mr de la Vrilliere fut infléxible: ils virent bien, qu'ils ne gagneroient rien à apeller à leur secours la Cour de Rome, & qu'il faloit céder à l'autôrité du Roi.

Cependant le Prieur de Soulême étoit dans un arriere cavot très profond, très obscur, & fort eloigné de l'escalier, par où l'on y descendoit: car il passa beaucoup de petites portes étroites, avant d'y arriver; Il trouva dans ce cavot de l'eau croupissante presque par tout; à peine avoit-il assez de terrain sec, pour y placer un peu de paille pour se coucher; mais ce qui lui rendit ce séjour extrêmement affreux, c'est qu'il touchoit quelquefois des crapeaux, & qu'il entendoit tous les jours des couleuvres frétiller sous sa paille.

Il cria les deux prémiers jours, ou plûtôt il heurla de toute sa force; mais comme ces soûterrains étoient fort longs, coupez par quantité de murs de retranchement, & qu'il étoit dans un des derniers cachots, il comprit qu'il crioit en vain dans ces profondes prisons, & que personne du dehors ne le pouvoit jamais entendre.

Un Religieux venoit une fois à peu près en vingt-quatre heures avec une petite lumiere, lui aporter un peu de pain & d'eau; il ne pouvoit sçavoir, s'il étoit alors jour ou nuit; on lui passoit cette petite portion par un petit tour de fer pratiqué dans le mur.

Il entendoit ainsi tous les jours dévéroüiller comme de fort loin les prémieres portes, & toute sa consolation étoit, que celui qui aportoit cette subsistance se laisseroit toucher à ses malheurs, qu'il en recevroit quelque soulagement, & qu'on lui ôteroit du moins les vilaines bêtes dont il étoit environné; mais il avoit beau protester, qu'il se repentoit sincerement d'avoir désobéi au Général, lorsqu'on lui avoit fait demander la résignation de son Prieuré, qu'il feroit ce qu'on voudroit, qu'on le changeât seulement de cachot, il avoit beau le prier de lui répondre seulement quelques paroles, ce Ministre de la Justice de la Congrégation demeuroit muet, sortoit promptement, & s'en retournoit véroüillant portes après portes, & laissoit ainsi le pauvre Prieur de Soulême passer les vingt-quatre heures suivantes avec les couleuvres & les crapeaux.

Il délibéra, s'il tâcheroit, de tuer ces vilains reptiles, pour se tirer entierement d'inquiétude; mais il songea, que n'y voyant goute, il lui seroit presque impoſſible de les tuer ſans en être mordu, & ſans mourir de la morſure; il avoit d'ailleurs oüi dire, que ces animaux ne mordoient que lorſqu'ils ſont attaquez, cela fit qu'il ſe détermina à vivre avec ſon inquiétude en leur compagnie.

Il comprit bien, que les Religieux pouvant envoyer à Rome, & obtenir ſon Prieuré *per obitum*, ils n'avoient pas beſoin de lui faire ſigner aucune Réſignation; Et lorſqu'il ſongeoit, que perſonne n'ayant aucune connoiſſance certaine, ni de ſon enlevement, ni du lieu où il étoit, que n'ayant rien à eſpérer de la Juſtice ordinaire, qui étoit ſans pouvoir contre la Congrégation, que ſes parens n'ayant point d'argent pour aller ſe plaindre à la Cour, & y faire quelque ſéjour, ils ne pourroient y aller, que quand même ils y iroient, & que les Miniſtres donneroient des ordres pour informer, tout demeureroit là, faute de preuves, & parce que tout eſt difficile contre une Congrégation puiſſante; il ne comptoit plus de ſortir jamais de cet affreux ſéjour, & tomboit dans le déſeſpoir.

Telle étoit la maniere, dont il paſſoit ſa perpétuelle nuit; telle étoit la ſituation de ſon eſprit, quand il entendit le cinquante-deuxiéme jour de ſa priſon, qu'il venoit à lui pluſieurs Perſonnes; un moment après on déverroüilla ſa porte même, & un Religieux lui dit, *Venez, mon Pere, ſuivez-moi, vos peines ſont finies.* Le Pere Prieur le mena ſur le champ à Tours à Mr l'Intendant, le Prieur de Soulême dépoſa naïvement tous ces faits, en préſence du même Prieur de Marmoutiers, qui avoit nié ſi poſitivement, qu'il en eût la moindre connoiſſance.

Le Prieur de Soulême fut ramené à ſon Prieuré; on peut imaginer ſa joïe, & celle de ſes pauvres parens; Mr Tubeuf envoya cependant le Procès verbal à Mr de la Vrilliere; le Roi voulut l'entendre lire, il trouva l'hiſtoire extraordinaire, il en conçût une grande indignation contre ceux, qui gouvernoient alors, & on ne ſçait à quoi il tint, que la Congrégation entiere ne s'en reſſentit.

Que ceux qui gouvernent à préſent ne ſoient pas aſſez malhabiles, de vouloir que le public doute de ces faits, on les ſçait d'original; on ſçait d'ailleurs, où eſt l'information, mais il eſt à propos de faire quelques réfléxions ſur cette hiſtoire.

1°. On peut voir, juſqu'où alloit alors l'ardeur de la Congrégation, pour acquérir ces Prieurez, puiſqu'elle hazardoit tant, pour faire un exemple, qui intimidât les autres Réligieux Titulaires de ces Bénéfices; Eſt-il poſſible, que l'amour des richeſſes ſoit ſi vif chez des Gens qui font voëu de pauvreté!

2°. Qui nous aſsûrera, que le Conſeil de la Congrégation ſoit moins intéreſſé à préſent, qu'il l'étoit alors? Combien ſe ſont-ils donnez de mouvemens depuis, pour acquerir de ces Prieurez? Combien s'en donnent-ils tous les jours, & combien en ont-ils acquis depuis ce tems là? Si nous ne ſçavons pas les procédez violens qu'ils ont exercez depuis, envers leurs propres Religieux, pour ſe conſerver ces Bénéfices, c'eſt qu'il y a ſur cela un ſécret inviolable chez eux, & qu'ils ont uſé de plus de précaution que dans l'affaire du Prieur de Soulême, & encore ce n'eſt pas leur faute, & nous ne devons la connoiſſance de cette affaire qu'à un aſſemblage de hazards aſſez difficiles à retrouver: car enfin, il faut que les Conducteurs ſoient obligez de paſſer un Bacq, où la Litiere ſoit obligée de s'arrêter un *Miſerere*; que celui

celui qu'on enleve soit aimé dans le Païs, qu'il y ait alors un Homme de Condition, qui puisse écrire au Sécrétaire d'Etat ; Il faut qu'il se trouve un Commis chez ce Sécrétaire d'Etat, interessé à détruire les puissantes raisons d'une Congrégation puissante ; Ils ont pourtant gagné à cet évenement de le faire servir d'exemple à leurs Réligieux : car quoiqu'il ne réussit pas, qui des Titulaires pourroit s'assûrer, que tant d'heureux hazards se rassembleroient en sa faveur ?

3°. Quel étoit le crime de ce pauvre Prieur de Soulême, pour être traité si cruellement ? Le Pape, par ses Bulles, lui permet de demeurer dans son Bénéfice, & le dispense pour cela de l'exercice de Communauté ; Peut-il être regardé comme désobéissant à ses Supérieurs, quand il ne fait qu'user de la Dispense du Pape ; & à quoi bon lui obtenir cette Dispense, s'il ne peut pas en user en conscience ?

4°. Tel est l'abus de ces sortes de Dispenses : Si l'intention du Titulaire n'est point d'user de son Bénéfice, mais de laisser d'autres personnes en disposer à leur volonté ; c'est une intention condamnée par les Canons : si son intention est de joüir, & qu'il en employe les fruits à sa volonté, quelque pieux usage qu'il en puisse faire, c'est un crime de désobéissance envers ses Supérieurs ; Je sçai bien, que la Congrégation prétend, que les Canons n'ont statué que contre celui, qui prête son nom à un seul Particulier, & non pas à une Congrégation ou Compagnie ; mais c'est une illusion ; Et qu'importe, qu'on prête son nom à un homme, ou à plusieurs hommes ? Il ne seroit pas permis de le prêter à un Saint, qui feroit sûrement un usage meilleur de ces sortes de revenus ; pourquoi sera-t'il permis de le prêter à une Congrégation, qui n'en fait d'autre usage, que feroit une Famille mondaine, qui est d'augmenter son crédit & son pouvoir ? Si l'emploi, qu'en fait la Congrégation, n'étoit qu'en aumônes, à l'Hôpital Général, à l'Hôtel-Dieu, il n'y auroit rien à dire ; mais son ardeur pour acquerir ne seroit pas assouvie ; on ne l'eût jamais vûë envoyer des Religieux armez de mousquets & d'halebardes faire une pareille violence ; ce n'est point le procédé de la Charité, il n'y a que de honteux motifs.

5°. Quelles pouvoient être les maximes, qui firent ainsi métamorphoser de bons Religieux, de saints Solitaires, en Archers impitoyables ? Seroit-ce l'amour de la Pauvreté Evangélique ? Est-ce par douceur Chrétienne qu'ils jetterent ainsi un de leurs Freres, distingué par sa vertu, dans un cachot horrible, pour l'y laisser mourir de désespoir ? Voilà de ces procédez de la Congrégation, qu'on ne sçauroit concevoir, quand on ne veut pas distinguer la Congrégation Religieuse, d'avec la Congrégation mondaine de S. Maur ; sans cette distinction, on ne peut comprendre que les mêmes hommes ayent des procédez durs & superbes, qu'ils cherchent à gouverner, & à commander, dans le tems qu'ils prêchent & qu'ils pratiquent des maximes douces & modérées, & qu'ils ne songent qu'à se retirer dans les Cloîtres pour s'y laisser gouverner, & pour y vivre dans les exercices continuels de l'obéissance.

On ne prétend pas, que de pareils procédez pleins de violence & de dureté puissent être imputez à la Congrégation religieuse de S. Maur ; la douceur, la patience, la Charité chrétienne, la seule humanité, a horreur d'une action semblable à celle, que le Conseil de la Congrégation a tenu à l'égard du pauvre Prieur de Soulême; mais le fait est constant, & à qui l'imputera-t'on?

Il n'y a personne, qui n'ait oüi parler des artifices, dont use la Congrégation, pour conserver les Prieurez, qui ont été une fois résignez à quelques-uns de ses membres; on dépaïse les Titulaires, on les envoye, tantôt dans un endroit, tantôt dans un autre; on cache leur maladie & leur mort; Et comme on leur fait signer souvent quantité d'Actes, sans les leur faire lire, & cela par une obéissance aveugle aux Supérieurs, la plûpart de ces Titulaires ne sçavent pas, s'ils n'ont point signé de Procuration pour résigner, & s'ils sont encore ou ne sont plus Titulaires; Bien des Gens du monde feroient difficulté, de prêter ainsi leur nom pour des Bénéfices, mais dans la Congrégation, le Supérieur n'a point de honte de l'ordonner, l'Inférieur n'a point de scrupule d'y souscrire; Et le tout pour l'avantage de la sainte Congrégation.

Je ne dis rien présentement de ces pensions, de ces présens, que la Congrégation fait aux Juges, & à ceux qui ont du crédit chez eux; des présens qu'elle fait aux Officiers de la Datterie, des déniers qu'elle employe à entretenir dans l'Abbaïe Saint Germain, ces habiles Procureurs & Avocats, sous des habits de Religieux : tous ceux qui ont affaire à la Congrégation n'expérimentent que trop, par les difficultez qu'ils rencontrent à obtenir justice, que les revenus de ces Prieurez, ne peuvent pas être plus utilement employez, pour augmenter le crédit de la Congrégation, & plus pernicieusement pour les Sujets du Roi, qui ont le malheur d'être leurs voisins, & d'avoir affaire à eux.

CONCLUSION.

1°. IL est d'un grand interêt pour l'Etat, d'arrêter promptement le cours des Résignations que font tous les jours les Ecclésiastiques Séculiers aux Réligieux de la Congrégation, & de conserver aussi aux Ecclésiastiques Séculiers un revenu de près de trois millions, qui se répandroient dans le Royaume; Et d'ailleurs n'a-t'on pas tous les jours besoin, d'avoir quelques-uns de ces Prieurez, pour établir & aggrandir ou des Séminaires, ou des Colleges, qui sont d'une bien plus grande utilité pour l'Etat, & pour l'Eglise, que les Maisons des Moines; de ces Maisons où ils employent leurs richesses, non à des distributions journalieres aux pauvres des Lieux, ou à soulager les Hôpitaux des Villes voisines, mais à des bâtimens magnifiques, ou à acquerir de nouveaux revenus?

Saint Augustin qui sçavoit bien, qu'on ne peut pas donner aux pauvres ce qu'on employe à des acquisitions, ne voulut jamais rien acheter; Et ces bons Réligieux peuvent lire plus facilement que d'autres dans sa vie ce que Possidonius en écrit, *domum vel agrum, seu villam numquam emere voluit.* Pourquoi ces Religieux, qui aiment tant à publier ses Ecrits, aiment-ils si peu à imiter sa conduite?

Quand on dit qu'il y a en France plus de quatre mille Prieurez de S. Benoit, on ne le dit pas sans preuves, les Poulliez en font foi; Dans le

Languedoc seul, qui n'est que la dixiéme partie de la France pour les richesses, & sur tout pour les Bénéfices, il y a six cens trente-cinq Prieurez, qui valent, suivant la supputation de Mr de Baville, un des Intendans de France le mieux informé, plus de quatre cens neuf mille livres de rente; cela feroit plus de quatre millions de revenu pour toute la France; Je sçai bien, qu'il peut y avoir un quart de ces Prieurez à d'autres Ordres, mais c'est au plus, & il restera encore plus de trois millions de rente en Prieurez de S. Bénoit.

2°. Il est de l'intérêt du Roi, de conserver aux Abbaïes, les nominations aux Prieurez; or il est évident, que vû tous les artifices dont la Congrégation s'est avisée, les Abbez ne peuvent jamais avoir connoissance de la mort des Titulaires; Ces artifices, qui se font de concert avec la Datterie, ont le même éfet que s'il y avoit une Bulle expresse, pour ôter le droit de nomination des Abbez, & qui diminuë ainsi des droits considérables, que le Roi est obligé de conserver; Il est visible, que l'on peut toûjours s'oposer à l'exécution des Bulles, dont l'éfet est entierement oposé aux Privileges aux intérêts, & à la Discipline de l'Eglise Gallicane, & aux Droits du Roi.

3° Il est vrai, que le Roi peut, sans être excité par le Clergé, se determiner à mettre ordre à ces abus; mais cépendant il est encore plus dans la bien-séance, que Messieurs du Clergé fassent cette démarche auprès de Sa Majesté; Il est même de leur zele, d'empêcher, que les maximes mondaines ne s'introduisent plus avant dans la Congrégation, & n'y détruisent enfin l'esprit de Reforme: Cette Congrégation a été toute sainte dans son établissement, & il est fâcheux, d'avoir à dire d'elle ce que S. Jerôme disoit dans une occasion semblable, *Patientia quidèm & divitiis major, sed virtutibus minor secuta est*, in vita sancti Malchi.

4° Il est d'une tres grande importance pour le Clergé, de demander la protection du Roi, pour reformer l'abus qui s'est introduit jusqu'ici dans la Congrégation sur ces Prieurez, & en empêcher le progrès à l'avenir, de suplier à Sa Majesté, qu'il lui plaise déclarer, 1° Que le Privilége, acordé aux Religieux de la Congrégation de S. Maur, de pouvoir posseder quelques Prieurez, suivant la Bulle d'Urbain VIII. & les Lettres Patentes qui l'ont autôrisée, est expiré, 2° Que lesdits Religieux de la Congrégation de S. Maur ne pourront plus à l'avenir, faire ou recevoir des Resignations, Collations, Provisions d'aucuns autres Bénéfices, que des Offices Claustraux, dont cépendant les revenus entreront à l'avenir dans les partages, qui se feront entre les Abbez & Religieux, toutes les fois que les uns ou les autres voudront proceder à un nouveau partage. 3° Que ceux d'entre eux qui sont Titulaires des autres Bénéfices Réguliers pourront en joüir le reste de leur vie, & les resigner en regle ou en commande, dès à présent s'ils veulent, pourvû que ce soit à d'autres qu'aux Religieux de ladite Congrégation de S. Maur, & sans qu'ils aïent bésoin à cet effet du consentement de leurs Supérieurs, non pas même, pour aller résider sur lesdits Bénéfices, ce qui sera à leur pleine & entiere liberté ou disposition. 4° Que les Supérieurs des Maisons de ladite Congrégation seront tenus, de fournir incessamment aux Evêques des Lieux les Noms des Bénéfices qui sont dans l'étenduë de leurs Diocèses, & qui sont possedez par les Religieux de la même Congrégation, avec les Noms, âges, qualitez & demeures desdits Titulaires, & Copie de leurs Provisions & Titres de possession, & un état exact des revenus de chacun de ces Bénéfices. 5° Que chacune Abbaie ou Maison de ladite Congrégation sera obligée de fournir aussi incessamment aux Ordinaires des Lieux, & aux Juges Roïaux du Ressort, des Copies en forme des Titres d'union des Bénéfices, qu'ils prétendent être unis à leurs Manses Monacales, & de justifier des Originaux, s'ils en sont par Eux requis, comme aussi des Lettres Patentes, qu'ils ont dû obtenir à l'éffet desdites unions; & que faute par Eux de le faire dans le tems qui leur sera marqué, ou si lesdites unions se trouvent vicieuses, lesdits Bénéfices seront conferez par ceux qui en ont le droit, comme vacans & impétrables, 6° Que les Supérieurs Majeurs seront obligez, de faire demeurer ceux de leurs Religieux, qui ont des Bénéfices, dans les Convens de la Congrégation les plus proches de la demeure des Evêques, dans lesquels lesdits Bénéfices sont situez; 7° Qu'à mésure que quelqu'un de ces Religieux Bénéficiers viendra à mourir, le Supérieur de la Maison du Lieu où il sera decedé, sera tenu sous peine de désobéïssance, d'en donner avis en même tems au Collateur du Bénéfice, & à l'Evêque ou Archevêque du Diocèse, dans lequel ledit Bénéfice se trouvera situé, & de remettre à ce dernier tous les Titres concernans ledit Bénéfice, pour être par lui rendus à celuy qui en sera canoniquement pourvû par le Collateur ordinaire..... 8° Que toutes Resignations, faites ou à faire, à compter du jour qu'il plairroit à Sa Majeste de statuer sur cela, par des Religieux de ladite Congrégation de S. Maur en faveur d'autres Religieux de la même Congrégation, comme toutes Collations, Présentations, Provisions, ou autres Titres faits en leur faveur, depuis ledit jour, demeureront nuls & comme non avenus, & les Bénéfices vacans & impétrables.

Que ces Religieux vivent très saintement dans leurs Cellules, occupez des exercices salutaires de la Charité, de l'humilité, de la patience: qu'ils montrent aux Gens du Monde un exemple de modération, sur l'augmentation de puissance & de richesses de leur famille d'adoption; Qu'ils tourmentent moins les Sujets du Roi, par la multitude infinie de Procez où ils s'occupent; l'Etat ne leur fournit-il pas de quoi vivre & beaucoup plus abondamment qu'aux autres Religieux? Leur Institution n'est-elle pas d'imiter la pauvreté des Apôtres & des anciens Solitaires; Et quand donc auront-ils assez amassez de richesses pour vivre dans cette pauvreté dont ils font profession par des voëux si solemnels?

A LUXEMBOURG,

Chez ANDRE' CHEVALIER, Imprimeur & Marchand Libraire.

1725.

BIBLIOTHEQUE NATIONALE DE FRANCE
3 7511 00255102 9

www.ingramcontent.com/pod-product-compliance
Lightning Source LLC
LaVergne TN
LVHW010339230826
846091LV00009B/3948

* 9 7 8 2 0 1 9 9 1 2 1 8 5 *